W0346097

Schirner Verlag

Dieser Ratgeber macht Sie schnell und einfach mit den wesentlichen Grundsätzen des Feng Shui bekannt und zeigt Ihnen, wie Sie mit kleinen Veränderungen zu Hause und am Arbeitsplatz die Energien in Fluss bringen und harmonisieren können.
Feng Shui wirkt wie Akupunktur für Wohnung und Büro. Die Autorin vermittelt Ihnen auf anschauliche Weise, dass die Mittel oft ganz einfache sind: Ordnung schaffen, Möbel umstellen und mit Licht, Farbe, Klang, Pflanzen und Bildern arbeiten.

Helga Schaub, wohnhaft in der Schweiz, ist diplomierte Feng-Shui-Beraterin sowie Großmeisterin und Ausbilderin der traditionellen japanischen Heilmethode Reiki nach Dr. Mikao Usui sowie des Karuna- und des Shamballa-Reiki. Weiterhin ist sie anerkannte Heilerin mit den Spezialgebieten spirituelle Intervention und Clearing.
Die Autorin hat mit *Feng Shui für den beruflichen Erfolg* (erschienen im Schirner Verlag) bereits ein Feng-Shui-Praxisbuch geschrieben, das die Themen Gestaltung und Werbung behandelt. Helga Schaub ist auf diesem Gebiet seit 20 Jahren tätig – mittlerweile in ganz Europa.

Besuchen Sie Helga Schaub auf ihrer Website:

www.helga-schaub.de

Helga Schaub

Feng Shui Grundregeln

Schirner Verlag

ISBN 978-3-8434-5017-1

Helga Schaub:
Feng Shui Grundregeln
© 2010 Schirner Verlag,
Darmstadt

Umschlag: Aileen Roloff, Schirner, unter
Verwendung von #6293027 (delux),
www.fotolia.de
Redaktion & Satz: Rudolf Garski, Schirner
Printed by: ren medien, Filderstadt, Germany

www.schirner.com

5. Auflage Januar 2014

Alle Rechte der Verbreitung, auch durch Funk, Fernsehen und sonstige Kommunikationsmittel, fotomechanische oder vertonte Wiedergabe sowie des auszugsweisen Nachdrucks vorbehalten

Inhalt

Vorwort

Feng Shui ist eine mehrere tausend Jahre alte chinesische Kunst und Wissenschaft, die sich mit der Harmonie der Energien beschäftigt. Wörtlich übersetzt bedeutet Feng Shui »Wind und Wasser«. Es beachtet die Energien des Kosmos und der Erde und bringt den Menschen in Einklang mit der Natur.

Die Lehre des Feng Shui basiert auf folgendem Grundsatz: Alles ist Energie, und alles ist mit allem verbunden. Der Mensch existiert also nicht als ein von der Natur getrenntes Wesen, sondern er ist ein Teil von ihr und steht mit ihr in ständiger Wechselbeziehung.

Energie ist eine nicht sichtbare Kraft, die in unendlich vielfältiger und wandelbarer Form und Qualität sichtbar zum Ausdruck kommt. Letztlich ist Feng Shui überall anwendbar, da es auf allgemeingültigen Grundsätzen beruht.

Die den Menschen umgebenden Energien sollten möglichst in harmonischen Wellen um ihn herumfließen und zudem derart erhöht werden, dass sie seine Lebenskraft stärken und sein Wohlergehen steigern. Feng Shui um-

fasst alle Bereiche des Lebens – z. B. Gesundheit, Partnerschaft und finanzielles Glück – und lässt sich auf all diese Bereiche anwenden.
Um es noch einmal hervorzuheben: Der Mensch ist Teil des Ganzen. Wir alle werden durch die Energien unserer Umgebung maßgeblich beeinflusst. Nutzen wir diese Kenntnis, und schaffen wir uns ein Wohn- und Arbeitsumfeld, das uns Kraft und Unterstützung gibt!

Dieser Ratgeber möchte Sie schnell und unkompliziert mit den wesentlichen Grundsätzen des Feng Shui bekannt machen. Er enthält zahlreiche Vorschläge, wie Sie mit kleinen Veränderungen bei sich zu Hause und am Arbeitsplatz die Energien in Fluss und dadurch Ihr Familien- und Berufsleben in Schwung bringen können. Feng Shui wird hier auf das Wesentliche reduziert, sodass es ohne Kompass und komplizierte Berechnungen anwendbar ist. Für Fragen und Beratungen finden Sie meine Kontaktdaten im Anhang.

Helga Schaub
Lugano, im Mai 2010

Was bedeutet und wie wirkt Feng Shui?

Feng Shui ist die Kunst und Wissenschaft vom Einfluss der Wohn- und Lebensumgebung auf den Menschen. Viele Jahrhunderte lang praktizierte die herrschende Klasse im kaiserlichen China diese Lehre, die – so heißt es – für den wirtschaftlichen Aufstieg von Hongkong und Taiwan in der heutigen Zeit mit verantwortlich ist. Inzwischen wird sie zunehmend auf der ganzen Welt praktiziert.

Feng Shui formuliert Prinzipien für die Gestaltung von Lebens-Räumen, also von Wohn- und Arbeitsumgebungen, und erklärt die Gesetzmäßigkeiten, die einen direkten Einfluss auf die Lebenssituation eines Menschen nehmen, deren Wirkung aber eher unbewusst und intuitiv spürbar wird. Es kann auch im übertragenen Sinne von einer Lebens-Raum-Psychologie gesprochen werden.

Feng Shui lehrt, die Einflüsse unserer landschaftlichen Umgebung und unserer Wohn- und Arbeitsumgebung zu erkennen, und bietet einfache Möglichkeiten, diese optimal zu nutzen und zu verändern – immer zum Wohle des Menschen. Feng Shui ist ein leicht umzusetzendes

Verfahren, das uns dabei unterstützen kann, ein Leben in Harmonie zu führen. Damit Gesundheit, Reichtum, Partnerschaft und beruflicher Erfolg gedeihen können, werden mithilfe des Feng Shui die positiven Kräfte gestärkt und die negativen gemieden oder umgewandelt.

Entgegen der im Westen weitverbreiteten Meinung geht es bei Feng Shui nicht allein um die Gestaltung von Räumen und das Positionieren einzelner Möbelstücke. Und es ist weit mehr als eine Art »mystische Innenarchitektur«. Der erste Schritt einer Feng-Shui-Beratung besteht in einer genauen Beobachtung der äußeren Umgebung: Wie ist der Standort des Hauses, welche Aspekte von Landschaft und Nachbarschaft herrschen vor, wie ist das Anwesen nach den Himmelsrichtungen ausgerichtet?

Erst im zweiten Schritt wird das Haus, die Wohnung oder das Büro detailliert angeschaut. Die momentane private oder berufliche Situation lässt sich anhand der Wohn- und Arbeitsumgebung diagnostizieren. Haus und Räume sind Spiegel unseres Lebens und »erzählen« uns von unseren Lebensaspekten: von denen, die reibungslos laufen, und von denen, die eine Herausforderung darstellen.

Gebäude und Räume können eine angenehme Atmosphäre verströmen oder unbehaglich wirken. Sie kennen

bestimmt folgendes Phänomen: Sie sehen oder betreten einen Raum, eine Wohnung, ein Restaurant oder ein Büro und fühlen sich darin sofort wohl oder unwohl.
Es gibt eine ganze Reihe von Faktoren, die dieses Gefühl beeinflussen können: die räumliche Struktur, scharfkantige oder abgerundete Ecken, großzügige Weite oder enge Raumaufteilung, große oder kleine Fenster, Möbel und ihre Anordnung, Materialien, Stoffe, Bodenbeläge, das Licht, die Farben der Wände und auch die Pflanzen. Alles zusammen erschafft die Atmosphäre oder »Energie« eines Ortes, die auf den Menschen negativ oder positiv wirkt und sich auf ihn überträgt. Und das ist das alles Entscheidende.

Was kann Feng Shui leisten?

Wenn Sie feststellen, dass z. B. Krankheit oder Geldmangel Einzug gehalten haben, dass Ihre Partnerschaft oder die Beziehung zu Ihren Kindern problematisch geworden ist oder dass Ihre Karriere stagniert – dann ist es höchste Zeit, dass Sie Ihre Wohnung unter die Lupe nehmen.
Mit Feng Shui offenbart sich Ihnen, wo in Ihrer Wohnung der Energiefluss blockiert oder gestaut ist oder wo er zu schnell fließt und dadurch für Unruhe und nervöse Leiden sorgt. Feng Shui wirkt wie Akupunktur für die Wohnung: Energien werden harmonisiert und in gesundes Fließen gebracht. Es arbeitet mit verschiedenen, häufig einfachen Mitteln: mit Licht, Farbe, Klang, Pflanzen und Bildern. Auch Ordnung schaffen und Möbel umstellen verändert den Fluss der Energien – und den Blickwinkel.
Feng Shui spricht von »Chi«, der günstigen und Leben spendenden Energie, und »Sha«, dem negativem Chi.
Chi sollte gleichmäßig und sanft durch Ihre Räume strömen, damit alle Lebensbereiche gut und ausreichend genährt werden (siehe »Die Aktivierung der acht Lebensbereiche«). Sie können leicht sehen, wo das Chi stagniert

oder zu schnell fließt, wenn Sie langsam und bewusst durch Ihre Räume gehen. Achten Sie darauf, wo Engpässe sind oder wo Sie »anecken«. An diesen Stellen wird auch der Fluss der Lebensenergie behindert.

Feng Shui wirkt in allen Gebäuden und Räumen. Ob es sich um einen großen Konzernbau, um eine Stadtvilla, ein Bauernhaus, eine Etagenwohnung oder ein kleines Apartment handelt, Feng Shui nützt in jeder Situation.

Generell unterstützt Feng Shui Menschen, die

- erst kürzlich ein neues Domizil bezogen haben; Feng Shui klärt und harmonisiert die Energien.
- in einer Sinn- oder Lebenskrise stecken; Feng Shui kann Blockaden lösen und Einsichten vermitteln.
- chronisch oder oft krank sind; Feng Shui erschafft eine gesunde Umgebung.
- renovieren oder umbauen möchten; Feng Shui gibt die richtigen Tipps für günstige Einflüsse und Resultate.
- unter Burn-out-Syndrom oder Depressionen leiden; Feng Shui bringt frische Energien und Zuversicht in ihre Umgebung.
- als Unternehmer oder Geschäftsinhaber tätig sind; Feng Shui zieht Kunden an und motiviert Mitarbeiter.

Wem nützt eine Feng-Shui-Beratung?

Nehmen Sie sich ab und zu Zeit dafür, Ihr Leben genau unter die Lupe zu nehmen. Betrachten Sie immer alle acht Lebensbereiche, und schauen Sie, wo es »hakt« und wo sich Dinge und Abläufe verändert haben. Diese acht Bereiche sind die Aspekte Gesundheit & Familie, Reichtum, Anerkennung, Partnerschaft, Projekte & Kinder, hilfreiche Freunde, Karriere, Wissen & Weisheit (mehr dazu später unter »Die Aktivierung der acht Lebensbereiche«).

Typische Veränderungen sind beispielsweise:

- Sie hatten einen Wohnungs- oder Bürowechsel.
- Jemand in der Familie oder im Freundeskreis ist verstorben.
- Ein Familienmitglied erkrankt häufiger oder schwer.
- Es finden Umbau- oder Neubaumaßnahmen am eigenen Haus oder in der Nachbarschaft statt.
- Es drohen Konkurs oder dauerhafte finanzielle Engpässe.
- Die Kinder kommen in die Schule oder beenden die Schulzeit.

Durch eine Feng-Shui-Beratung werden energetische Staus, fehlgeleitete Energien und andere Störfaktoren aufgedeckt und behoben. Eine gute Feng-Shui-Beratung zeichnet sich durch treffsicheren Spürsinn und wenige, einfache Veränderungen aus. Ein paar Handgriffe reichen oft schon aus, um Aspekte wieder in Fluss zu bringen und Stagnation zu beheben. Feng Shui ist keine Lehre, die rein rechnerisch oder »mechanisch« betrieben werden sollte. Vielmehr sind gute Intuition und großes Einfühlungsvermögen gefragt.

Nutzen Sie eine Feng-Shui-Beratung spätestens dann, wenn ein vormals harmonisches und glückliches Leben sich verändert und eine negative Richtung einschlägt.

Prinzipien des Feng Shui

Chi und Sha

Im Feng Shui werden, wie schon erwähnt, zwei Energieformen unterschieden: Die eine heißt Chi, die wohldosierte, nährende und förderliche Energie, die für Wohlbefinden sorgt, und die andere Sha, die schneidende, ungezügelt fließende, überschießende Energie, die zerstört und schadet. Ein Bach, der gemächlich und windungsreich durch einen Wald plätschert, führt Chi mit sich, während ein zügelloser, Hochwasser führender Gebirgsbach, der über die Ufer tritt, Geröll und Bäume mit sich reißt und zerstörerisch ist, Sha mit sich führt.

CHI	SHA
positive Energie	negative Energie
Licht	Schatten
Helligkeit	Dunkelheit
Sauberkeit	Schmutz
Optimismus	Pessimismus
Ordnung	Chaos

CHI	SHA
Leben spendende Kraft	lebensfeindliche Kraft
Frische	Fäulnis
Geburt	Tod
Harmonie	Disharmonie
Bewegung	Stillstand
Frohsinn	Depression
Natur	künstliche Räume
geschwungene Wege	gerade Wege
verkehrsberuhigte Zonen	Hauptverkehrsadern
Aufbau	Abbau

Zusätzlich unterscheidet Feng Shui zwischen dem Chi des Himmels und dem Chi der Erde. Ist der Mensch von beiden gleichermaßen gut genährt, so lebt er in Wohlstand, Gesundheit und Glück. Ob ein Platz gut genährt ist, das verraten seine Lage und seine Einrahmung durch Berge und Gewässer. Orte mit gutem Chi finden sich dort, wo Menschen miteinander glücklich sind, wo Wohlstand und Gesundheit herrschen, wo Menschen heiraten, wo Heiterkeit und Gelassenheit herrschen, wo getanzt und gesungen wird.

Orte mit Sha finden sich auf oder neben Friedhöfen, in Krankenhäusern, Gerichtsgebäuden und Seniorenheimen sowie an Orten, an denen es zu Gewalttaten kam (etwa Hinrichtungsplätze oder Schlachtfelder). Geruchsbelästigungen, starker Lärm oder störende Lichtreize bergen ebenfalls Sha.
Ziel und Aufgabe des Feng Shui ist es, den Chi-Fluss so zu steuern, dass die Energie des Menschen verbessert wird und schädliche Sha-Einflüsse abgehalten werden.

Die Lehre der Fünf Elemente

Alles und jeder, also auch Menschen, Berufe und Gegenstände, können einem Element zugeordnet werden. Die alten Meister des Feng Shui haben vor etwa 3000 Jahren erkannt und festgelegt, dass es fünf Elemente gibt: Holz, Feuer, Erde, Metall und Wasser.
Jedes Element drückt sich auf unterschiedliche Art und Weise aus: in Farbe, Geschmack, Klang, Form, Struktur, auch in Jahreszeiten und Uhrzeiten, in Energieart usw. Treffen Elemente aufeinander, können sie sich gegenseitig begünstigen und stärken – oder aber schwächen oder

gar zerstören. Es gilt im Feng Shui, eine Ausgewogenheit der fünf Elemente zu erzeugen, um dadurch ein Gleichgewicht zu erhalten. Daher lernen Sie nun die Elemente und deren grundlegende Wirkzyklen kennen (beachten Sie auch die Übersicht auf Seite 24).

Die Formen der Elemente

- *Holz-Energie:* aufstrebend, solitär, aus Holz errichtete Gebäude, Masten, Türme, Schornsteine, Säulen und Fahnenstangen, Landschaft mit Wäldern und Pflanzen. Förderlich für wachstumsorientiertes Arbeitsklima. Farbe: Grün. Himmelsrichtungen: Osten und Südosten. Kua-Zahlen (siehe Seite 33): 3 und 4

- *Feuer-Energie:* Gebäude mit scharfen Kanten, spitze Gipfel, pyramidale Strukturen, Türme oder Häuser mit steilen Dachformen, pfeilartige Strukturen (Hinweisschilder). Aktivierend und inspirierend. Farben: Rot und Rosa. Himmelsrichtung: Süden. Kua-Zahl: 9

- *Erde-Energie:* zentrierend und stabilisierend, flache Landschaft, Flachdach-Häuser, Bungalows, Fabrikhallen, Kisten, Truhen, rechteckige flache Formen, Quadrate. Gibt Sicherheit und Stabilität. Farben: Gelb und Orange. Himmelsrichtungen: Südwesten und Nordosten. Kua-Zahlen: 2 und 8

- *Metall-Energie:* weiche gerundete Formen, Kugeln, Kreise, Halbkreise, Gebäude mit Kuppeln, Arkaden, Bogen, Kurven. Fördert konzentriertes Denken und Exaktheit und ist gut für Angelegenheiten, die mit Finanzen zu tun haben. Farben: Weiß und Grau. Himmelsrichtungen: Westen und Nordwesten. Kua-Zahlen: 6 und 7

- *Wasser-Energie:* fließende und stehende Gewässer in der Umgebung, abwechslungsreiche Landschaft, Gebäude mit unterschiedlichen Dachformen, Häuser mit hohem Glasanteil in der Fassade. Fördert Kommunikation, Wissen, Geselligkeit und Entspannung. Farben: Blau und Schwarz. Himmelsrichtung: Norden. Kua-Zahl: 1.

Der klassische Elementekreis nach den Himmelsrichtungen

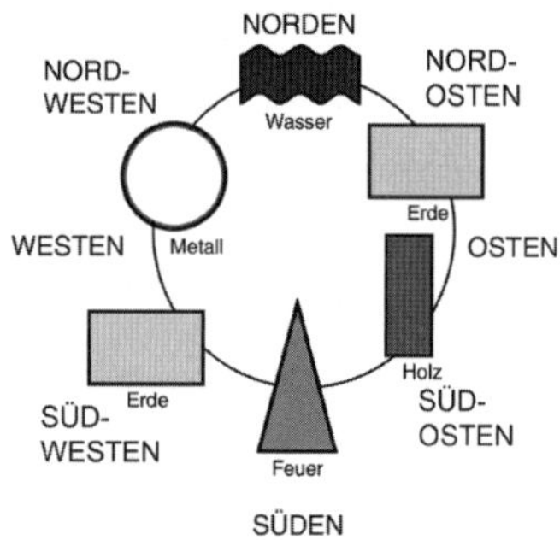

Zyklus der Schöpfung

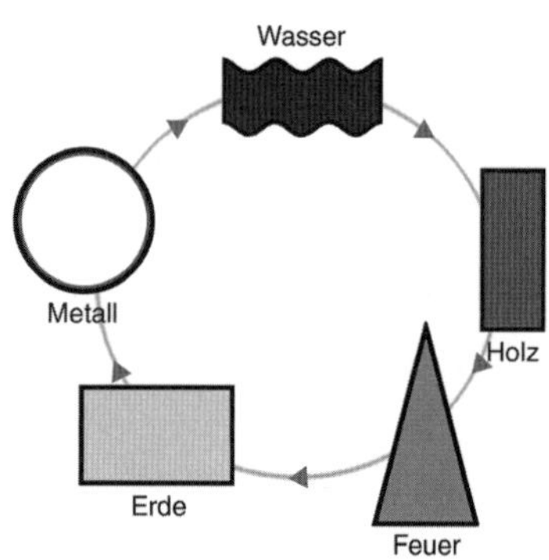

Holz erzeugt Feuer – und reduziert Wasser.

Feuer erzeugt Erde – und reduziert Holz.

Erde erzeugt Metall – und reduziert Feuer.

Metall erzeugt Wasser – und reduziert Erde.

Wasser erzeugt Holz – und reduziert Metall.

Das Gleichgewicht der Elemente ist wichtig

Sind die Elemente nicht im Gleichgewicht, ist also eines zu dominant, so wirkt sich das auf Ihre Wohn- und Lebensqualität und Ihre Gesundheit aus, denn Körper und Seele werden durch die Elemente stark beeinflusst.

Es ist gar nicht ungewöhnlich, dass in dem einen oder anderen Raum ein Überschuss oder Mangel eines Elements herrscht. Das hat viel mit Vorlieben zu tun: mit Farben und Formen, die dem eigenen Geschmack entsprechen. Dadurch wird jedoch nicht selten ein problematischer Charakterzug oder eine gesundheitliche Beschwerde noch verstärkt.

Hat ein Raum zu viel Hitze und Licht (*Feuer*), bleichen Teppiche und Textilien aus und Lautsein und Kritiksucht

Für jedes Element die stärkende Farbe

Element	Himmelsrichtung	Farbe des Elements	Fördernde Farbe	Empfehlung
Holz	Osten Südosten	Grün	Schwarz und Blau	Schwarz oder Blau mit Grün
Feuer	Süden	Rot	Grün	Grün mit Rot
Erde	Südwesten Mitte Nordosten	Gelb und Orange	Rot	Rot mit Gelb oder Orange
Metall	Westen Nordwesten	Weiß und Grau	Gelb und Orange	Gelb mit Weiß
Wasser	Norden	Schwarz und Blau	Weiß und Grau	Weiß mit Schwarz oder Blau

werden gefördert. Ein mit Pflanzen überfüllter Raum oder ein zugewucherter Garten (*Holz*) wirkt nicht mehr gemütlich, sondern erzeugt Unruhe und Unsicherheit. Ein zugemauerter Bereich oder ein Raum mit vielen schweren Möbeln und kleinen Fenstern (*Erde*) wirkt düster und verbreitet Lethargie. Ein ausschließlich in Weiß (*Metall*) gehaltener Raum wirkt steril und wenig einladend.

Die Kunst des Feng Shui besteht darin, Ihre Vorlieben zu berücksichtigen und trotzdem für ein ausgewogenes Kräfteverhältnis der fünf Elemente zu sorgen.

Beachten Sie bei allen Feng-Shui-Maßnahmen immer Ihre persönliche Wahrnehmung und Ihren eigenen Geschmack. Es ergibt keinen Sinn, die Wohnung mit fernöstlichen Feng-Shui-Symbolen zu dekorieren und aus ihr ein »Chinarestaurant« zu machen, es sei denn, es wäre Ihr Geschmack und Ihr Wunsch.
Eine Feng-Shui-Maßnahme darf niemals zu einer »bunten« und wahllosen Stilmischung führen. Lassen Sie sich von Feng Shui inspirieren, aber bleiben Sie dabei stets Ihren Vorlieben treu. Damit stellen Sie sicher, dass Sie sich wohlfühlen.

Die Wirkung der Fünf Elemente auf den Menschen

Menschen mit ausgewogener *Holz-Energie* haben eine eigene Meinung und sind in der Lage, die Ansichten anderer zu akzeptieren. Menschen mit einem Mangel an Holz-Energie lassen sich sehr leicht von anderen beeinflussen und wirken eher sprunghaft. Ein Zuviel an Holz-Energie führt zu Sturheit und Eigensinn.

Ein Zeichen von ausgewogener *Feuer-Energie* ist es, sich aufrichtig und diplomatisch zu verhalten und sein Unbehagen angemessen auszudrücken. Danach ist das Problem erledigt. Mangelt es an Feuer-Energie, sind die Menschen oft steif, energielos, schlecht durchblutet oder haben Zukunftsängste. Zu viel Feuer-Energie führt dagegen zu Streitsucht.

Ist die *Erde-Energie* in Harmonie, hat der Mensch einen klaren, aufrechten Lebensstil. Mangelt es an Erde-Energie, ist er oft lethargisch, haltlos, ohne Zielsetzung. Ein Zuviel an Erde-Energie lässt die Menschen oft zu uneigennützigen und großzügigen Mäzenen werden, allerdings mit einer gewissen Steifheit.

Die *Metall-Energie* fördert die Konzentration, scharfes Denken und exaktes Arbeiten und unterstützt alle finanziellen Angelegenheiten. Ein Mangel an Metall-Energie führt oft dazu, dass die Menschen schwierig und pingelig werden. Sie sind auch sehr ruhig und drücken ungern ihre Gefühle aus. Menschen mit zu viel Metall-Energie dagegen sind geschwätzig, besserwisserisch und überrollen andere Menschen förmlich. Sie tun sich schwer mit dem Loslassen oder einer neuen Richtung.

Die *Wasser-Energie* sorgt für gute Kommunikation, Weisheit, soziale Interaktion, Geselligkeit und Entspannung. Mangelt es an Wasser-Energie, so fehlt den Menschen das freie und aktive Kommunizieren mit dem Umfeld. Ein Zuviel an stehendem Wasser (Teich, See) führt oftmals dazu, dass Situationen und Dinge nicht zu Ende gebracht werden. Zu viel bewegtes Wasser lässt Menschen uferlos werden, ohne Klarheit und Orientierung.

Die Lage des Hauses

Die Lage eines Hauses ist die Basis für das Wohlbefinden seiner Bewohner. Die natürliche Umgebung ernährt das

YIN	YANG	YIN	YANG
weiblich	männlich	dunkel	hell
Nacht	Tag	Mond	Sonne
Schatten	Licht	Morgen	Abend
Sonnen-aufgang	Sonnen-untergang	ungerade Zahlen	gerade Zahlen
negativ	positiv	vorne	hinten
links (hi-neingehend)	rechts (hi-neingehend)	erste Etage	Erd-geschoss
unten	oben	Tal	Berg
Ebene	Erhebung	Silber	Gold
Pastelltöne	klare, harte Farben	kleine Muster	große Muster
rau	glatt	weich	hart
still	bewegt	alt	jung
Winter	Sommer	Herbst	Frühling
Holz	Metall	Westen	Osten
waagerecht	senkrecht	hohl	massiv
Wasser	Wind	kalt	warm
feucht	trocken	fließend	starr
auf-nehmend	abgebend	breit	schmal

Haus. Extreme Lagen sind eher ungünstig und zu vermeiden. Ein Haus etwa am Fuß eines Berges wird von diesem gedrückt und belastet werden. Die Bewohner werden ein belastetes, eher schweres Leben haben. Auch ganz oben auf dem Berg steht ein Haus nicht günstig. Ihm fehlt es an Schutz. Am besten ist eine Lage mit »Rückendeckung« und guter Aussicht auf ein Gewässer.

Ein Haus sollte eine geschützte Lage haben. Im Feng Shui wir die »Lehnstuhl-Position« als die ideale Lage angesehen. Das bedeutet, dass das Haus nach hinten von Bergen oder höheren Gebäuden Rückendeckung erhält und an den Seiten sanft von Hügeln umgeben ist. Nach vorne sollte die Landschaft offen bleiben, damit sich dort das Chi sammeln kann.

Im Idealfall steht das Haus so, dass sich Norden dahinter befindet und die »Schildkröte« bildet: Hohe Berge oder Häuser schützen die Rückseite des Hauses. Im Osten befindet sich der »Drachen«, ebenfalls ein hoher Berg, und im Westen, der »Tigerseite«, wird das Haus eingerahmt von flacheren Hügeln. Die Berge umarmen sich hinter dem Haus. Im Süden befindet sich eine freie Fläche oder ein See, auf dem der »Phönix« landen kann.

Häuser oder Orte in solch einer Position werden optimal von Chi unterstützt. Ihren Bewohnern geht es in jeder Hinsicht gut. Sie erleben die Fülle und das Glück in Gesundheit, Partnerschaft, Wohlstand, Familie und Freundschaften.

Yin und Yang

Yin und Yang sind die dualen Gegensätze, die sich zur Ganzheit verbinden. Yin und Yang sollten stets ausbalanciert sein. Ein Zuviel auf einer Seite hat ungünstige Auswirkungen. Zu viel Yang, z. B. viele glatte Formen, Metall, Glas, gerade Linien, kann sich als Unruhe, Schnelligkeit oder Ungemütlichkeit ausdrücken. Zu viel Yin, also weiche Stoffe, dicke Teppiche, dunkles Licht, viele Rundungen dagegen als Trägheit und mangelnder Antrieb. Ausgeglichen wird ein Übergewicht des einen Aspekts, indem man das Gegenteil stärkt und somit eine gesunde Harmonie schafft. Die Tabelle auf Seite 28 führt die wichtigsten Zuordnungen zu Yin und Yang auf.
Zum Aspekt Yin zählen demnach: Souterrainwohnungen, dunkle Ecken und Zimmer ohne Sonne, kühle Bereiche,

kleine Fenster, Vorratskammern, matte oder schwere Stoffe, raue Oberflächen, versteckte Eingangstüren, tropfende Wasserhähne, Schimmelbildung, starker Baum- und Strauchbewuchs.
Und mit Yang sind ausgestattet: Hochhäuser, lichtdurchflutete Räume, warme Bereiche, Fenster bis zum Boden, farbige Bilder, glänzende Stoffe, glatte oder filigrane Möbel, helle Farben, senkrechte Muster, viel Glas.

Achten Sie darauf, ob Sie ein sehr ruheloses Leben führen, immer auf Reisen sind und es auch in der Freizeit nicht zu Hause aushalten. Fehlt Ihnen vielleicht ein Ruheplatz, an dem Sie ausspannen können? Dann fehlt der Yin-Aspekt in Ihrer Wohnung. Ein paar füllige Kissen in dunklen Farben oder ein flauschiger Teppich, auch Vorhänge und ein Wasserspiel bringen Yin in Ihre Wohnung. Sind Sie hingegen ein wenig träge und wünschen sich mehr Antrieb, dann prüfen Sie anhand der Tabelle, ob in Ihrer Wohnung Yin vorherrscht. Tauschen Sie dann dunkle Farben gegen helle, hängen Sie farbige Bilder auf, und nehmen Sie vielleicht einen Teppich weg. Ziehen Sie die Vorhänge zurück, lassen Sie Licht in die Wohnung, und lüften Sie häufig. Damit wird der Yang-Aspekt angeregt.

Das Gesetz der Resonanz

»Wie innen, so außen« – wir leben, wohnen und arbeiten nicht grundlos auf eine bestimmte Art und Weise. Das Prinzip der Anziehung gilt umfassend: Wir ziehen meist die Menschen in unser Leben, die Ähnlichkeiten mit unserem eigenen Verhalten und Denken aufweisen, und wählen die Wohnung intuitiv unserer derzeitigen Lebensaufgabe entsprechend.

Mit jeder Feng-Shui-Maßnahme setzen Sie einen Impuls in Gang, der zu Veränderungen in Ihrem Leben führen wird – und seien sie noch so subtil. Jedoch entfaltet jede Feng-Shui-Maßnahme erst dann ihre Wirkung, wenn sie mit einer klaren Vorstellung, also einem »Arbeitsauftrag«, eingesetzt wird. Je genauer Sie ausdrücken, wie das konkrete Ziel lautet und auf welche Weise das Hilfsmittel wirken soll, desto klarer und schneller werden sich die greifbaren Erfolge einstellen.

Die Macht unserer Gedanken beeinflusst in weit größerem Umfang unser Leben, als wir es für möglich halten. Gutes Feng Shui beginnt im Kopf, denn mit unseren Gedanken erschaffen wir unsere Realität.

Am Anfang steht dabei die »Gedankenhygiene«: Befreien Sie sich von hinderlichen, negativen Denkmustern und Gefühlen. Wie schon Konfuzius sagte: »Lass nichts Böses in deinen Gedanken sein.«
Achten Sie darauf, wie Sie Ihre Gedanken und Gespräche formulieren, und sehen Sie in allem eine Chance, denn wie es redensartlich heißt:

»Hinfallen ist keine Schande,
aber Liegenbleiben wäre eine.«

Die Kua-Zahl

Die Kua-Zahl wird nach dem chinesischen Sonnenkalender berechnet. Dieser beginnt immer am 4. oder 5. Februar. Wer vor dem 4. Februar Geburtstag hat, orientiert sich am Vorjahr. Die folgende Tabelle beruht auf einer sehr klaren und einfachen Berechnungsmethode. (Es gibt chinesische Schulen, die eine andere Berechnung zugrunde legen.) Die Tabelle ordnet dem Geburtsjahr die entsprechende Kua-Zahl zu, die für Männer und Frauen unterschiedlich ist.

Jahrgang	Kua-Zahl		Jahrgang	Kua-Zahl	
	Männer	Frauen		Männer	Frauen
1938	8	7	1962	2	4
1939	7	8	1963	1	8
1940	6	9	1964	9	6
1941	2	1	1965	8	7
1942	4	2	1966	7	8
1943	3	3	1967	6	9
1944	2	4	1968	2	1
1945	1	8	1969	4	2
1946	9	6	1970	3	3
1947	8	7	1971	2	4
1948	7	8	1972	1	8
1949	6	9	1973	9	6
1950	2	1	1974	8	7
1951	4	2	1975	7	8
1952	3	3	1976	6	9
1953	2	4	1977	2	1
1954	1	8	1978	4	2
1955	9	6	1979	3	3
1956	8	7	1980	2	4
1957	7	8	1981	1	8
1958	6	9	1982	9	6
1959	2	1	1983	8	7
1960	4	2	1984	7	8
1961	3	3	1985	6	9

Jahrgang	Kua-Zahl		Jahrgang	Kua-Zahl	
	Männer	Frauen		Männer	Frauen
1986	2	1	2005	4	2
1987	4	2	2006	3	3
1988	3	3	2007	2	4
1989	2	4	2008	1	8
1990	1	8	2009	9	6
1991	9	6	2010	8	7
1992	8	7	2011	7	8
1993	7	8	2012	6	9
1994	6	9	2013	2	1
1995	2	1	2014	4	2
1996	4	2	2015	3	3
1997	3	3	2016	2	4
1998	2	4	2017	1	8
1999	1	8	2018	9	6
2000	9	6	2019	8	7
2001	8	7	2020	7	8
2002	7	8	2021	6	9
2003	6	9	2022	2	1
2004	2	1	2023	4	2

Wie Sie bemerken werden, wiederholen sich die Kua-Zahlen alle neun Jahre. Sie können daher auch leicht die Kua-Zahlen für Männer und Frauen hier nicht aufgeführter Jahrgänge herausfinden.

	Sheng-Chi	Tien-Yi	Nien-Yen	Fu-Wei
Kua-Zahl	»erzeugender Atem« für alle Lebensbereiche	»himmlischer Arzt« für Heilung und Gesundheit	»höchste Harmonie« für Harmonie und Toleranz	»Klarheit« für klares Denken und Begabung
1	Südosten	Osten	Süden	Norden
2	Nordosten	Westen	Nordwesten	Südwesten
3	Süden	Norden	Südosten	Osten
4	Norden	Süden	Osten	Südosten
6	Westen	Nordosten	Südwesten	Nordwesten
7	Nordwesten	Südwesten	Nordosten	Westen
8	Südwesten	Nordwesten	Westen	Nordosten
9	Osten	Südosten	Norden	Süden

Persönliche Kraftrichtungen

Für jeden Menschen gibt es vier besonders günstige Himmelsrichtungen. Sie unterstützen den Menschen in seinem Tun, stärken seine Gesundheit und den Schlaf. Setzen Sie sich am Schreibtisch oder beim Essen bevorzugt in diese Richtungen. Wenn möglich, dann platzieren Sie auch Ihr Bett so, dass Sie mit dem Kopf in eine der günstigen Richtungen liegen.
Die günstigen Richtungen hängen von Ihrer Zugehörigkeit zu einer der beiden Lebensgruppen ab. Zu welcher Lebensgruppe Sie gehören, das verrät Ihnen Ihre Kua-Zahl (die Sie auf Seite 34/35 ablesen können).
Menschen mit den Kua-Zahlen 1, 3, 4 und 9 gehören zur östlichen Lebensgruppe. Ihre bevorzugten Richtungen sind Osten, Südosten, Süden und Norden.
Menschen mit den Kua-Zahlen 2, 6, 7 und 8 gehören zur westlichen Lebensgruppe. Ihre Richtungen sind Südwesten, Westen, Nordwesten und Nordosten.

Die genaue Zuordnung der bevorzugten Himmelsrichtungen zu den Kua-Zahlen können Sie der Tabelle auf der gegenüberliegenden Seite entnehmen.

Die guten Maße

Die richtigen Abmessungen von Bildern, Möbelstücken, Schreibtischen, Fenstern und Türen nehmen erheblichen Einfluss auf unser Wohlbefinden und das Leistungsvermögen. Ob wir ein Gebäude, einen Raum oder einen Gegenstand als harmonisch empfinden, hängt stark von den Dimensionen ab.

Bestimmte Maßeinheiten und Proportionen galten in allen Kulturvölkern als Grundlage für heilige Bauten und wichtige Gegenstände. In der westlichen Welt wurde dieses Wissen in den vergangenen Jahrhunderten vernachlässigt, und nur wenige Menschen ahnen noch etwas von der Existenz dieser Maße. (Ein klassisches Beispiel ist der Goldene Schnitt. Es handelt sich dabei um eine Verhältniszahl, die zwei Längen zueinander harmonisch abstimmt.) Im Feng Shui ist ein alter Maßstab für ein harmonisches Möbelmaß überliefert, der selbstverständlich auch für Türen, Fenster, Bilderrahmen und Werbebroschüren gilt. Da alles Energie ist, kann jedem Gegenstand eine bestimmte Frequenz zugeordnet werden. Diese These findet mittlerweile wissenschaftliche Zustimmung: Wir wissen also, dass jede Frequenz, jede Wellenlänge einem bestimmten Einsatzgebiet zuzurechnen ist.

Die guten Feng-Shui-Maße (grau unterlegt) in cm

Bedeutung	von	bis
Reichtum	00,1	05,3
Krankheit	05,4	10,7
Trennung	10,8	16,1
Hilfreiche Menschen	16,2	21,5
Macht/Kraft	21,6	26,7
Katastrophe	26,8	32,2
Schaden/Verletzung	32,3	37,6
Kapital	37,7	42,9

Die genaue Bedeutung der guten Feng-Shui-Maße in cm

von	bis	Bedeutung
00,1	01,3	Reichtum kommt (Glück und Geld)
01,4	02,6	Juwelen, Schatzkiste
02,7	04,0	sechs Arten Glück, sechs Harmonien
04,1	05,3	Wohlstand
16,2	17,4	mit vielen guten Kindern oder Projekten gesegnet
17,5	18,8	profitables Einkommen, unerwartetes zusätzliches Einkommen
18,9	20,1	talentierte Nachkommen
20,2	21,5	viel Glück und Wohlstand
21,6	22,8	besteht Prüfungen einfach und erfolgreich Lebensmittelreichtum
22,9	24,1	besonderes Glück
24,2	25,5	verbessertes Einkommen
25,6	26,7	Wohlstand und Macht für die Familie
37,7	38,9	es kommt viel Geld herein
39,0	40,3	Glück bei Prüfung
40,4	41,6	viel Schmuck, Schätze und Edelsteine
41,7	42,9	Überfluss, Wohlstand und Glück

Die korrekte Anwendung der Feng-Shui-Maße

Das harmonische Maß hat eine Länge von 43 cm. Dieses Maß entspricht der Grundschwingung und lässt sich in acht gleich große Dimensionen aufteilen. Jeweils vier dieser Dimensionen haben eine Leben fördernde Schwingung, die übrigen vier Dimensionen wirken irritierend und führen zu Energieverlust.
Die Unterteilung der harmonischen Länge in acht gleiche Abschnitte ist (ebenso wie das Ursprungsmaß von 43 cm) der Natur abgeschaut. Zum Abmessen einer bestimmten Länge oder Breite legen Sie das 43-cm-Lineal (oder ein entsprechend markiertes Maßband) so oft an, bis weniger als 43 cm übrig bleiben.
Das abgemessene Restmaß auf seine Bedeutung hin zu überprüfen ist einfach. Schauen Sie in der Tabelle auf Seite 39 nach, in welchem Bereich es sich befindet. Die grau unterlegten Bereiche sind günstig (und auf Seite 40 finden Sie für diese eine noch genauere Unterteilung). Liegt das Restmaß außerhalb dieser Bereiche, verbreitet das Möbelstück oder die Broschüre eine irritierende Schwingung und damit eine disharmonische Energie.

Achten Sie darauf, dass wichtige Möbelstücke (wie etwa ein Schreibtisch) in diesen guten Maßen gefertigt werden. Möbel und Gegenstände mit diesen Idealmaßen geben ein sehr hohes Chi ab und sorgen somit für Ihr persönliches Wohlbefinden. Möglicherweise arbeiten Sie mit mehr Ruhe und Konzentration an solch einem Schreibtisch, vielleicht ermüden Sie nicht mehr so schnell, eventuell sind Sie wunderbar inspiriert und sitzen gerne dort. Das alles können die guten Maße bewirken.

Die Aktivierung der acht Lebensbereiche

Im Feng Shui werden den acht Haupthimmelsrichtungen Norden, Nordosten, Osten, Südosten, Süden, Südwesten, Westen und Nordwesten bestimmte Lebensbereiche zugeordnet. Anders gesagt: Jeder Lebensbereich wird von einer Himmelsrichtung (oder von zweien) am besten unterstützt und gestärkt.

Wollen Sie dieses Wissen in der eigenen Wohnung umsetzen, sollten Sie herausfinden, wie die Himmelsrichtungen in den einzelnen Räumen verlaufen. Wer keinen Kompass besitzt oder damit nicht umgehen kann, der kann sich am Lauf der Sonne orientieren. Die Sonne geht morgens im Osten auf. Um 6 Uhr früh steht sie genau im Osten. Sie wandert dann nach Südosten, wo wir sie um 9 Uhr sehen. Steht sie im Zenit, dem höchsten Punkt, dann ist es 12 Uhr Mittag. Um 15 Uhr sehen wir sie im Südwesten, um 18 Uhr steht sie im Westen, und um 21 Uhr schließlich sehen wir im Hochsommer noch ein paar letzte Sonnenstrahlen im Nordwesten. Der Norden bleibt ohne Sonneneinstrahlung. (Zeitangaben nach mitteleuropäischer Zeit. Nach der Umstellung auf die Sommerzeit geben Sie eine Stunde dazu, also statt 6 Uhr ist es dann schon 7 Uhr.)

Jetzt können Sie sich orientieren und wissen somit, welche Zimmer und Bereiche in welcher Himmelsrichtung liegen. So wie die gesamte Wohnung in acht Bereiche eingeteilt werden kann, so ist auch jeder Raum einteilbar. Sie können jeden Lebensbereich in jedem Raum stärken. Der

Südosten Finanzen, Geld, Wohlstand	Süden Ansehen, Anerkennung	Südwesten Ehe, Partnerschaft, Beziehungen
Osten Familie, Gesundheit	Mitte	Westen Kinder, Projekte
Nordosten Wissen, Weisheit	Norden Karriere, Geldfluss	Nordwesten Hilfreiche Freunde, Unterstützung

Aspekt Partnerschaft beispielsweise kann nicht nur im Südwesten der Wohnung, sondern auch im Schlafzimmer oder im Arbeitszimmer aktiviert und gestärkt werden.
Es gibt Feng-Shui-Maßnahmen, die immer geeignet sind, die Energie anzuheben und in einen guten Fluss zu bringen. Dazu gehören: Aufräumen, Entrümpeln, Reinigen sowie Klangspiele, Musik, lebende Pflanzen, gutes Licht, Wasserbrunnen, Spiegel, Fensterkristalle, frische Luft, Düfte (Duftlampen) und alles, was sich bewegt (also etwa Windräder und Mobiles).
Düfte fördern die Harmonie und bringen eine sehr schöne Energie in die Wohnräume. Verwenden Sie ausschließlich natürliche ätherische Öle oder sehr gute Räucherstäbchen. Die ätherischen Öle von Zitrone, Bergamotte, Orange und Limette steigern die Konzentration und erheitern das Gemüt. Grapefruit ist gut für das Selbstbewusstsein. Lavendel vertreibt trübe Gedanken und macht zuversichtlich. Thymian stärkt den eigenen Willen. Minze unterstützt das Gedächtnis.
Die Raumschwingung wird auch durch Musik schnell und nachhaltig beeinflusst. Sanfte oder heitere Musik im Hintergrund ist gut für das Gemüt und wirkt erheiternd, sodass dunkle Gedanken keinen Platz mehr haben. Klänge

heben die Schwingung an und füllen den Raum mit Energie, außerdem überdecken sie unangenehme Geräusche und Straßenlärm.
Ein Zimmerbrunnen oder Wasservernebler sorgt für ein gesundes Raumklima und reinigt die Luft. Das sanfte Plätschern hebt die Stimmung und erinnert an Urlaub.
Gesunde, üppige Zimmerpflanzen mit runden Blättern und Blüten haben reinigende Wirkung, reduzieren Strahlung im Raum und energetisieren ihn. Sie sind Lebensspender. Achten Sie darauf, dass die Pflanzen gut gepflegt sind, dass abgestorbene Teile entfernt werden und dass die Blätter frei von Staub sind.
Wer eine Vorliebe für Steine hat, darf gerne natürlich gewachsene Bergkristalle mit den Spitzen nach oben in den Ecken eines Raums aufstellen. Im Schlafbereich wirken sich Rosenquarze unter dem Bett günstig gegen Erdstrahlen usw. aus; in der Umgebung von Geräten mit hohem Elektromagnetismus – wie Telefon, Computer, Fernseher, Musikanlage und Radiowecker – platzieren Sie Baryte (Schwerspat). Der Baryt transformiert alle technisch erzeugte Strahlung.
Mit Spiegeln vergrößern Sie die Räume optisch und holen sich die Energie in die Zimmer, an deren Wand sie

hängen. Vermeiden Sie Spiegel generell gegenüber einer Tür, insbesondere gegenüber der Eingangstür, und im Schlafzimmer, wo sie für energetische Unruhe sorgen können. Falls Sie Spiegel oder Spiegeltüren im Schlafzimmer haben, sollten Sie diese über Nacht mit einem Tuch abdecken. Kontrollieren Sie immer, was in einem Spiegel zu sehen ist, denn er sollte stets nur angenehme Ansichten zeigen.

Osten – Gesundheit und Familie

Wenn Sie sich gute Gesundheit und ein intaktes Familienleben wünschen, so betrachten Sie genau den Osten Ihrer Wohnung. Mit Familie sind übrigens auch die Eltern und die Ahnen gemeint.

Der Ost-Bereich sollte unbedingt aufgeräumt sein, damit das Chi ungehindert fließen kann. Entfernen Sie Kisten und Taschen sowie alles andere, was auf dem Boden zu Stolperfallen werden kann. Ordnen Sie auch Stauräume neu.

Haben Sie eine belastete oder belastende Beziehung zu Ihren Eltern, so entfernen Sie alle Hindernisse im Osten

der Wohnung. Hier ist auch der geeignete Platz für Fotos und, falls Sie so etwas mögen, eine Ahnengalerie, um die Vorfahren zu würdigen. Wer mag, kann hier auch einen kleinen Familienaltar errichten.
Weiterhin ist im Osten eine gute Belüftung und ebenso Sauberkeit wichtig, denn hier geht es auch um Ihre Gesundheit. Ein Körper, der energetisch gut versorgt ist, bleibt gesund. Wo es Stagnation, Blockaden und Staus gibt, kann es zu körperlichen oder seelischen Symptomen oder gar zu Krankheit kommen.
Achten Sie gut darauf, diesen Bereich zu aktivieren, damit Familie und Gesundheit unterstützt werden. Vermeiden Sie es deshalb, hier Literatur über Krankheit zu platzieren. Besser eignen sich Bücher über Landschaften und das Gesundbleiben oder Reiseberichte. Sehen Sie von Kunstgegenständen und Bildern ab, die zu abstrakt sind oder Menschen mit fehlenden Körperteilen darstellen.
Es ist außerdem wichtig, im Osten möglichst keine Antiquitäten aufzustellen, damit Sie nicht zu sehr im Alten verhaftet bleiben. Lassen Sie neue Ideen Einzug halten. Wenn Sie dort alte Möbel stehen haben und an diesen festhalten wollen, so räuchern sie diese mit Weihrauch

oder weißem Salbei aus, damit alle Energien der Vorbesitzer beseitigt werden.
Alle Gegenstände, die Ihnen nicht mehr gefallen und die sie nicht mehr benutzen, sollten Sie entfernen. Das heißt nicht, sie in den Keller zu verlagern, sondern sich dauerhaft davon zu trennen. Werfen Sie weg, was Sie belastet, oder verschenken Sie diese Dinge. Sie werden spüren, wie befreiend es für Sie sein wird. Schaffen Sie sich Platz für neue und frische Energie! Entsorgen Sie weiterhin aus diesem Bereich Pflanzen mit spitzen Blättern sowie Kakteen.
Spiegel gelten als klassische Feng-Shui-Methode, um für einen energetischen Aufschwung zu sorgen. Generell ist das korrekt, nur sollte es sich dabei um einen flächigen Spiegel handeln, der eine intakte Spiegelfläche hat. Vermeiden Sie Spiegelkacheln, da diese den Betrachter in Stücke »zerteilen«. Auch blinde Flecken in einem antiken Spiegel sind nicht unbedingt förderlich. Und denken Sie daran: Ein Spiegel sollte nur angenehme Dinge widerspiegeln.
Stabilisieren Sie die Energie im Osten Ihres Heims mit Pflanzen. Mit einem Zimmerbrunnen im Ostbereich Ihrer

Wohnung oder Ihres Wohnzimmers fördern Sie Gesundheit und Karriere.
Verzichten Sie in diesem Bereich Ihrer Wohnung auf die Farben Rot und Rosa sowie auf Weiß und Grau, weiterhin auf spitze dreieckige Formen sowie auf runde und metallene Gegenstände.

Förderliche Maßnahmen für den Osten:

- aufräumen, Ordnung schaffen
- putzen, Staub wischen
- Defektes reparieren, Altes durch Neues ersetzen
- klares helles Licht
- üppige Grünpflanzen mit runden Blättern
- Zimmerbrunnen
- Spiegel anbringen
- alten Schnickschnack entfernen
- Antiquitäten meiden oder ausräuchern
- Farben Blau und Grün verwenden
- Kinder- und Familienfotos aufhängen oder aufstellen
- von Kindern Gemaltes aufhängen
- Bildbände von Landschaften

- Bilder und Poster von weiten grünen Landschaften oder Laubwäldern im Frühling
- Holzklangspiel

Der Südosten – Geldfluss und Reichtum

Der Südosten Ihrer Wohnung ist der Bereich des inneren und äußeren Reichtums. Hier ist der ideale Ort, um den Geldfluss zu aktivieren und den Wohlstand anzukurbeln. Es versteht sich von selbst, dass dieser Bereich absolut sauber und aufgeräumt sein sollte. Schaffen Sie hier Platz, damit die Energie ungestört, aber sanft fließen kann. Räumen Sie Hindernisse und Energiebremsen weg.

Diesem Bereich tut es gut, wenn er viel Licht hat. Stellen Sie hier Pflanzen auf, selbstredend echte. Entfernen Sie Trockensträuße und alles Alte.

Ideal ist es, hier eine Glasschale mit acht Münzen hinzustellen. Dies ist ein chinesisches Symbol, um den Geldfluss anzuregen. Die Münzen sollten aus gültigen Währungen stammen. Erwarten Sie Geldflüsse aus dem Ausland, so verwenden Sie auch Münzen fremder Währungen.

In diesem Bereich Bilder mit Wasser- und Pflanzenmotiven aufzuhängen oder sogar einen Zimmerbrunnen aufzustellen, ist auch sehr gut. Das Wasser sollte leise plätschern, es darf keine aufdringlichen Geräusche verursachen und sollte immer sauber sein. Abgestandenes und fauliges Wasser käme einer Wohlstandsbremse gleich. Natürlich kann nur dann Geld zu Ihnen fließen, wenn Sie auch bereitwillig Ihren eigenen finanziellen Verpflichtungen nachkommen. Zahlen Sie Ihre Rechnungen mit Freude und dem Bewusstsein, etwas Gutes für das Geld erhalten zu haben. Und vor allen Dingen: Zahlen Sie pünktlich! Wer sich mahnen lässt oder die Leistungen anderer Menschen gering schätzt, der wird schwerlich finanzielles Glück haben. Sie ernten immer, was Sie säen. Denken Sie daher stets gut und wohlwollend von anderen, denn dann wird man auch von Ihnen gut denken.
Es ist das Recht eines jeden Menschen, in gutem Wohlstand zu leben. Dies gehört zur ganzheitlichen Denkweise dazu und darf nicht als unanständig oder unbedeutend vernachlässigt werden. Überprüfen Sie, welche Glaubenssätze und Meinungen Sie in Bezug auf Geld haben. Wer glaubt, Geld spiele keine Rolle oder Geld verderbe den Charakter, dem wird es schwerfallen, in guten Wohl-

stand zu kommen. Erkennen Sie derartige Glaubenssätze bei sich selbst, so können Sie diese sehr gut mit den Klopftechniken »EFT« oder »MET« bearbeiten oder Sie wenden sich direkt an mich (Literaturvorschläge und meine Kontaktdaten finden Sie auf den Seiten 94 und 95).
Spiegel, Licht und Klangspiele sind auch in diesem Bereich hilfreich – vor allem dann, wenn hier ungünstige Räume liegen. Haben Sie zum Beispiel ein Bad oder WC im Südosten, so gilt es, das Sha des verunreinigten Wassers zu stoppen. Dabei hilft es, die Türen stets geschlossen zu halten, ebenso den Toilettendeckel. Verschließen Sie auch die Abflüsse von Dusche, Badewanne und Waschbecken, wenn diese nicht benutzt werden. Sie saugen Energie ab.
Platzieren Sie unter dem WC dicke Steine, Kristalle oder Sand. Verwenden Sie, falls es optisch passt, gelbe Badteppiche und Handtücher. Bevorzugen Sie bei den Einrichtungsgegenständen quadratische oder rechteckige Formen.

Verzichten Sie im Südosten Ihrer Wohnung auf ein Zuviel der Farben Rot und Rosa sowie auf Weiß und Grau, auf spitze dreieckige Formen sowie auf runde und metallene

Gegenstände. Ein Hauch von Rot darf jedoch sein, denn es ist die Farbe, die für Antrieb sorgt.

Förderliche Maßnahmen für den Südosten:

- Glasschale mit acht Münzen aktueller Währungen
- lebende Pflanzen mit runden Blättern und üppigen Blüten
- Kakteen und Spitzblättriges entfernen
- Farben Blau und Grün verwenden
- Wasserbecken
- Bilder mit Wasser und Wald
- aufräumen, Staub wischen
- stets frische Luft
- in Abstellräumen Licht anbringen
- Klangspiele, um die Energie anzutreiben
- Rechnungen sofort bezahlen
- Geld willkommen heißen
- eigene Einstellung zum Geld überprüfen
- drei chinesische Geldmünzen
- Bilder von Reichtum und Wohlstand oder von begehrten Dingen wie z. B. Häusern, Autos oder Reisezielen aufhängen und mehrfach täglich betrachten

Der Süden – Ruhm und Anerkennung

Der Süden ist der Bereich Ihrer Wohnung, der mit Ihrem Ansehen korrespondiert. Wie sehr werden Sie geachtet? Wie sehr schätzt man Sie in der Familie, im Beruf? Haben Sie die Anerkennung, die Sie sich wünschen? Wie ist Ihr Verhältnis zu den Nachbarn?

Wie sieht dieser Bereich aus? Welche Räume liegen dort? Gibt es einen Abstellraum in diesem Bereich, so sollte dort eine Dauerbeleuchtung eingeschaltet sein. Begehen und beleben Sie diesen Bereich so oft wie möglich. Räume im Süden sollten offen und lichtdurchflutet sein. Entfernen Sie Hindernisse und Dinge, die Sie nicht mehr verwenden. Gibt es hier viel Altes, Angestaubtes, Altmodisches, so entrümpeln Sie, damit die Energie frei fließen und der Ruhm Einzug halten kann.

Im Süden dürfen viele Pflanzen stehen. Die Farbe Rot darf vorherrschen. Sie können gerne einen Strauß mit neun roten Blumen hinstellen oder spitze dreieckige Kerzen. Der Süden ist der Bereich des Feuers. Hierhin gehören der Kamin, schöne Leuchter, viele Kerzen. Achten Sie darauf, dass es nicht zu viel Rot in diesem Bereich gibt. Ein Zuviel kann Bluthochdruck auslösen und zu Nervosi-

tät führen. Menschen mit cholerischer Natur sollten sich weniger häufig im Süden aufhalten und auch auf zu viel Rot und Feuer verzichten.
In diesem Bereich dürfen Sie gerne Ledergegenstände platzieren. Tierzucht und Gerbereien (übrigens auch die Computerbranche) gehören zum Element Feuer, das den Süden beherrscht. Ein Ledersofa, lederbezogene Stühle, ein Tierfell – all das findet hier einen guten Platz. Mit spitzen pyramidalen Formen darf hier gespielt werden.
Vermeiden Sie dagegen schwere Möbel, Marmor- oder Glastische, Kristalle, Keramiken, Statuen aus Ton oder Stein, Wasserbrunnen, Wasserbilder und die Farben Blau und Schwarz. Ein Aquarium hingegen wäre kein Problem, denn es ist ein in sich geschlossenes System, das alle Elemente vereint (Steine, Pflanzen, Fische).

Förderliche Maßnahmen für den Süden:

- offene Flächen schaffen
- Ledercouch, Ledermöbel
- Tierfelle auslegen
- Urkunden aufhängen
- Wände in sanftem Rot oder Grün streichen

- Dekorationsgegenstände in Rot
- dreieckige Formen
- Pyramidenformen
- Kerzen, Licht
- Pflanzen
- schwere Möbel vermeiden
- Wasser vermeiden

Der Südwesten – Partnerschaft, Ehe, Beziehungen

Der Südwesten wird dem Element Erde zugeordnet. Im Südwesten der Wohnung spiegelt sich Ihre Partnerschaft wider. Es ist aber nicht nur der Bereich der privaten Partnerschaft und Ehe, sondern auch der Bereich für geschäftliche Beziehungen. Ganz häufig ist dieser Bereich aber einfach nicht vorhanden, weil er einem Balkon oder einer Terrasse Platz machen musste. Damit ist der Grundstein für wackelige oder kritische Partnerschaft schon gelegt. Wollen Sie dem Bereich »Beziehung« etwas Gutes tun, so befreien Sie ihn von allem Unrat sowie von allen Symbolen, die drei Gegenstände oder Menschen zeigen.

(Auch die typische Feng-Shui-Skulptur »Delfinpaar mit Kind« ist nicht geeignet für den Partnerbereich, da er ausschließlich der Zweiheit gewidmet ist.)

Fehlt Ihrer Wohnung der Südwestbereich, so hängen Sie an die Wände in dieser Richtung Spiegel auf. Sie holen fehlende Energien in die Wohnung. Achten Sie darauf, dass es Spiegel mit intakter Fläche sind. Auch können Sie in diesem Bereich Symbole und Figuren platzieren, doch immer nur Paar-Symbole, vorzugsweise aus Keramik, Porzellan oder Stein. Wählen Sie beispielsweise zwei Kristalle, so stellen Sie auf die rechte Seite einen senkrecht aufragenden Kristall hin, der das männliche Yang symbolisiert, und links einen etwas niedrigeren und abgerundeten, der für das weibliche Yin steht.

Selbstverständlich sollte der Südwesten aufgeräumt und sauber sein. Dieser Bereich zeigt Ihre persönliche Einstellung zu Partnerschaft. Hier sollte sich möglichst kein Badezimmer befinden. Falls es doch so ist, halten Sie den WC-Deckel immer geschlossen. Bringen Sie unbedingt an der Tür einen achteckigen oder runden Spiegel an, und zwar so hoch, dass die größte Person in der Familie hineinschauen kann. Hängen Sie Bilder und Poster auf, die zwei Liebende zeigen. Rote Handtücher, ein roter

Badeteppich und andere Gegenstände in roter oder rosa Farbe können die ungünstige Energie mindern.
In die Fenster und Balkontüren dieses Bereichs hängen Sie zwei geschliffene Kristalle, um zu verhindern, dass die einströmende Energie gleich wieder durchs Fenster abfließt. Im Südwesten können Sie sehr gut zwei rote Kerzen platzieren, am besten dreieckige oder eckige. Niedrige rechteckige oder quadratische Möbel passen hier gut. Für eine dauerhafte Beziehung ist es wichtig, dass sich links vor der Eingangstür – in Blickrichtung zur Tür – kein Springbrunnen oder Teich befindet. Man sagt, dass dann die Frau davonliefe. Achten Sie auch darauf, dass die hintere rechte Ecke des Grundstücks, vom Eingang aus betrachtet, sauber und hübsch bepflanzt ist. Am besten eignen sich hier rot blühende Pflanzen.
Im Südwesten sollten Sie zu viele Pflanzen und die Farbe Grün vermeiden. Günstig sind die Farben Rot, Rosa, Gelb und Orange. Eine Wasserfläche ist wenig günstig in diesem Bereich, auch nicht als Gartenteich. Auf keinen Fall darf sie zu groß sein. Gut wäre es, hier einen Grillplatz einzurichten. Pflanzen Sie viele rote oder rosafarbene Blumen. Licht ist wichtig sowie alles aus der Erde Stammende, also etwa Keramik, Ton, Porzellan und Steine.

Förderliche Maßnahmen für den Südwesten:

- Partnersymbole aus Stein, Kristall oder Keramik
- kompakte flache Möbel
- Marmortisch
- gute Ausleuchtung
- Feuer, Grillplatz
- rechteckige oder quadratische Formen
- Gelb, Orange, Rot
- Spiegel, die Energie hereinholen
- Feng-Shui-Kristalle im Fenster

Der Westen – Projekte und Kinder

Der Westen gehört zum Element Metall. Wer Kinder möchte, Kinder hat oder mit selbstständiger Arbeit sein Geld verdient, der sollte den Westbereich der Wohnung immer ordentlich und gut strukturiert halten. Metall steht nicht nur für bare Münze, sondern auch für gute Kontakte und Beziehungen zu Freunden und Geschäftspartnern. Rechteckige Winkel und scharfe Kanten sind generell ungünstig, aber hier ganz besonders. Runden Sie alle kantigen Wandvorsprünge und Möbelkanten ab. Sie können

Rundleisten davorsetzen, die Ecken abhobeln oder mit Stoffen und Hängepflanzen kaschieren.
Haben Sie in diesem Bereich einen offenen Kamin, dann ist es günstig, Steine davorzulegen. Das »verschließt« die Öffnung und verhindert, dass zu viel Energie durch den Kamin abgezogen wird. Auch ein im Westen gelegener Grillplatz wirkt sich ungünstig aus.
Wollen Sie diesen Bereich stärken, so schaffen Sie Platz für den Energiefluss. Auch Ordnung und Sauberkeit sind wiederum ein Muss. Gute Unterstützung der Westenergie gibt ein farbiger Wandanstrich in Gelb. Die Farben Gelb, Weiß und Grau unterstützen die Metallenergie des Westens. Außerdem ist hier der richtige Platz für runde Formen, sei es ein runder Teppich oder runde metallene Gegenstände (wie ein Metallklangspiel oder Münzen). Ein runder Marmor- oder Metalltisch kann die Energie hier sehr gut aktivieren. Vermeiden Sie Glas, die Farbe Rot sowie dreieckige, spitze oder wellige Formen.
Liegen sich Zimmertür und Fenster gegenüber, so entweicht das Chi zu schnell. Hängen Sie in diesem Fall zwei geschliffene Kristalle ins Fenster, damit die Energie länger verweilt und reflektiert wird. Das Chi für die Metall-Energie, die im Westen herrscht, kommt aus der Mitte der

Wohnung. Ein Bad oder eine Toilette sollte sich daher auf keinen Fall in der Wohnungsmitte befinden, denn jede Betätigung der Spülung würde das Chi verringern.

Förderliche Maßnahmen für den Westen:

- Metallgegenstände
- Messingschale oder -tablett
- Metallklangspiel mit sechs oder sieben Röhren
- runde Formen
- Feng-Shui-Kristalle ins Fenster
- quadratischer oder runder Teppich
- Keramikgegenstände
- Wandanstrich in Gelb oder Gelb-Weiß
- Ordnung, klare Strukturen
- Sonnenblumenbild
- Farben Orange, Gelb, Weiß
- auch im Garten Klangspiele aufhängen

Der Nordwesten – hilfreiche Menschen und Unterstützung

Der Nordwestbereich, in dem ebenfalls das Metall-Chi vorherrscht, wirkt sich förderlich auf Freunde und einen unterstützenden Bekanntenkreis aus. Wenn Sie das Gefühl haben, alles allein machen zu müssen, dann betrachten Sie genau und kritisch, wie dieser Bereich bei Ihnen aussieht.

Sollte der Nordwestbereich gänzlich fehlen, so brauchen Sie sich nicht zu wundern, wenn Sie mit allem allein dastehen und es keine Hilfe von außen gibt. Überdenken Sie gleichzeitig auch Ihre persönliche Einstellung zu Freunden und Freundschaft. Gute Freundschaft besteht aus Geben und Nehmen! In diesem Fall sollten Sie also Spiegel an den Wänden in Richtung Nordwesten anbringen und außerdem Metallgegenstände platzieren. Ein Metallklangspiel wäre auch gut. Auch ein Tupfer Rot macht sich gut und zieht Freunde an. Aber seien Sie sparsam mit der Farbe Rot im Nordwesten, denn weniger ist mehr.

Der Nordwesten ist der Bereich des Mannes und Partners. Möchten Sie einen Mann in Ihr Leben ziehen oder Ihren Mann stärken, so räumen Sie diesen Bereich auf. Hier haben runde Teppiche, runde Gegenstände und quadratische Formen Ihren Platz. Außerdem ist eine männliche Metallstatue ein geeignetes Symbol. Gestalten Sie diesen Bereich einladend. Wenn Sie mögen, stellen Sie eine Schale mit Obst hin. Dekorieren Sie den Nordwesten mit Bildern, die freundliche Menschen zeigen oder Freundschaft darstellen. Hier sollte kein offener Kamin stehen: Die Energie des Feuers wirkt sich ungünstig auf die Metallenergie des Nordwestens aus.

Förderliche Maßnahmen für den Nordwesten:

- Metalldekorationen
- Messingschale
- runder Metalltisch
- quadratische und rechteckige Formen
- runder oder quadratischer Teppich
- Farbanstrich in Gelb
- sechs Münzen auslegen
- männliche Figur hinstellen
- Schale mit Obst
- Glas, Wasser und wellige Formen vermeiden
- Farbe Rot und spitze Formen meiden

Der Norden – Lebensfluss und Karriere

Der Norden ist dem Element Wasser zugeordnet. Hier werden in Ihrer Wohnung Karriere und Lebensfluss aktiviert. Wenn Sie das Gefühl haben, dass Ihr Leben stagniert (es z.B. im Beruf nicht weitergeht, Sie schon lange nicht mehr befördert wurden, keine Gehaltserhöhung in Sicht ist oder Umsätze zurückgehen und sich Lethargie breitmacht), dann schauen Sie genau hin, wie der Norden Ihrer Wohnung aussieht.

Türen sollten leichtgängig sein, weder klemmen noch quietschen. Oftmals liegen in diesem Bereich Badezimmer oder Toilette. Achten Sie darauf, dass alle Spiegel intakt sind. Bringen Sie an der WC-Tür einen Spiegel an (wie auf Seite 81 beschrieben).

Sie dürfen hier mit Wasser dekorieren. Ein Zimmerbrunnen regt den Energiefluss an, auch eine Schale mit Wasser und blauen Schwimmkerzen kann schon helfen. Ideal ist zudem ein Metallklangspiel, das sich mit dem Öffnen der Tür leicht bewegt und klingt. Sechs oder sieben Röhren wären gut.

In diesem Bereich wirken die Farben Weiß, Blau und Schwarz unterstützend, wobei Schwarz als Wohnfarbe generell nur sparsam eingesetzt werden sollte. Sie können hier eine, wirklich nur eine Metall- oder Glaskugel in Blau, Weiß oder Schwarz auslegen.

Wenn sich im Norden Ihre Wohnungs- oder Haustüre befindet, so könnten Sie rechts davon (Blick Richtung Wohnung) einen Springbrunnen anlegen, der das Chi des Wassers anregt und ihrem Leben wieder Schwung gibt. Vermeiden Sie ein Übermaß an den Farben Gelb und Orange sowie schwere flache Möbel, quadratische und rechteckige Formen. Diese würden die Wasserenergie stark reduzieren. Seien Sie auch sparsam mit Pflanzen in diesem Bereich.

Förderliche Maßnahmen für den Norden:

- genau eine blaue, schwarze oder weiße Dekorationskugel aus Glas oder Metall
- Metallklangspiel mit sechs oder sieben Röhren
- Messing- und Glasschalen
- verspiegelte Flächen
- Zimmerbrunnen

- Wasserschale
- Wandspiegel
- Musik

Der Nordosten – Wissen und Weisheit

Der Nordosten ist neben dem Südwesten und der Mitte der Wohnung ein weiterer Bereich, den das Erde-Chi regiert. Es ist der ideale Bereich für eine Bibliothek, für einen Meditationsraum oder einen Ruhebereich. Hier kann man am besten mit den himmlischen Kräften in Verbindung treten. Daher liegt es nahe, hier einen Hausaltar einzurichten.
Der Nordosten gibt Ihnen die passende Ruhe zum Lesen und Meditieren. Hier gelingt es am besten, abzuschalten, sich zu konzentrieren und Wissen aufzunehmen. Die im Raum oder Bereich vorherrschenden Farben sollten Gelb und Orange sein, auch ein wenig Rot ist gut möglich.
Fehlt dieser Bereich komplett, so kann die Energie durch Spiegel an der nach Nordosten zeigenden Wand aktiviert werden. Sie können auch Steine aufstellen: Sie symbolisieren das Element Erde.

Förderliche Maßnahmen für den Nordosten:

- Erdfarben verwenden
- als Raumfarben Gelb, Orange und Rot verwenden
- Steine auslegen
- Räucherstäbchen verwenden
- Duftlampen anzünden
- Bücherecke einrichten
- Meditationskissen, Ruhematte
- Kerzenlicht
- Ledersessel oder Ledersofa
- Tierfelle
- Bücher der Interessensgebiete auslegen
- sanfte Musik
- flache quadratische oder rechteckige Möbel
- große Grünpflanzen vermeiden
- auf Metall verzichten

Gutes Feng Shui in jedem Bereich des Hauses

Treppen

Treppen verbinden einzelne Etagen miteinander. Über die Treppen wird auch das Chi in das nächste Stockwerk geleitet. Daher ist es wichtig, dass Treppen weit sind, geschlossene Stufen haben und gut beleuchtet sind.
Treppen gegenüber der Eingangstür führen zu Energieverlust. Man sagt, dass dann auch das Geld zur Tür hinausfließe. Hier hilft es, einen Kristall oder eine Hängepflanze an der Decke im Bereich zwischen Treppe und Tür derart anzubringen, dass sie herunterhängen, ohne den Energiefluss zu bremsen.
Ist das Treppenhaus dunkel, so verwenden Sie dafür Lampen, die nicht nur die Stufen gut ausleuchten, sondern auch das Licht nach oben reflektieren. Das Chi folgt dem Licht. Um Energie in einem oberen Stockwerk zu halten, können Sie einen Spiegel gegenüber der Treppe oder an einem Treppenabsatz anbringen, damit das Chi sich länger oben hält.

Abstellräume

Abstellräume, Besenkammern und Vorratsräume dürfen nur wirklich wichtige Dinge enthalten. Auch hier sollte noch Platz für Energie sein, trennen Sie sich von Ballast. Das ist nicht nur befreiend, sondern bringt auch neuen Schwung in Ihr Leben. Liegen Abstellräume in Bereichen, in denen Ihr Leben blockiert ist, so lassen Sie darin eine Lampe brennen, hängen Sie Klangspiele an die Tür, sodass diese beim Öffnen der Tür klingen. Belüften Sie den Raum gut, und halten Sie ihn sauber.

Der Keller

Der Keller steht für unsere Vergangenheit. Schaffen Sie Ordnung im Keller – und Sie erzeugen Klarheit in Ihrer Vergangenheit. Trennen Sie sich von alten und unnützen Dingen. Sie werden sich befreit fühlen, wenn Sie hier entrümpelt und Platz geschaffen haben. Der Keller ist die Basis des Hauses: Je klarer er ist, desto klarer wird sich Ihr Leben gestalten. Halten Sie nicht an Altem fest, es würde Fortschritt und Entwicklung blockieren.

Der Keller sollte neben etwaigen Lebensmittelvorräten nur Wichtiges enthalten. Er ist der Platz für sperrige Dinge, die Sie in der Wohnung nicht aufbewahren können oder wollen. Auch hier sollte die Energie frei fließen können. Achten Sie auf Sauberkeit und Ordnung sowie auf gutes Licht. Klangspiele an den Türen aktivieren die Energie.

Der Eingangsbereich

Das Entrée sollte einladend wirken und auf keinen Fall überladen sein. Räumen Sie Schuhe, Taschen und andere Utensilien in einen Schrank. Sorgen Sie für gute Beleuchtung und freundliche Bilder, schaffen Sie Weite und Großzügigkeit durch Spiegel oder Naturposter. Die Haustür darf allerdings nicht im Spiegel zu sehen sein. Runden Sie alle Möbelkanten ab.

Das Wohnzimmer

Das Wohnzimmer ist der Treffpunkt der Familie. Auch Gäste werden hier empfangen. Es ist der Raum der Kommunikation und der Entspannung. Stellen Sie das Sofa an eine feste Wand, damit es eine gute Rückendeckung hat. Dann schenkt es demjenigen, der dort sitzt oder sich ausstreckt, ein Gefühl der Geborgenheit. Sollte das Sofa mitten im Raum stehen, so stellen Sie eine Pflanze dahinter oder einen Raumteiler.

Das Wohnzimmer sollte hell und freundlich eingerichtet sein. Ist der Raum eher klein, so möblieren Sie ihn spärlich, damit Platz für die Energie bleibt. Mit Möbeln zugestellte Räume erdrücken, lassen keine Kreativität zu und machen müde. Prüfen Sie in diesem Fall, ob vielleicht ein großer Spiegel an einer Wand für eine optische Öffnung sorgen kann.

Hat der Raum große Fensterflächen, so hängen Sie geschliffene Kristalle hinein, und platzieren Sie Pflanzen davor.

Das Schlafzimmer

Da der Mensch etwa 30 % seines Lebens mit Schlafen verbringt, sollte dem Schlafzimmer besondere Aufmerksamkeit und Achtsamkeit beim Einrichten zuteil werden. Das Schlafzimmer ist ein Yin-Raum und sollte vom Eingang weit entfernt liegen. Ungünstig ist es auch, wenn es direkt an Bad oder WC grenzt. Das Schlafzimmer befindet sich im Idealfall am »Ort der höchsten Harmonie« (siehe Kapitel »Persönliche Kraftrichtungen«). Sollten Sie an einer Wand zu einem Badezimmer schlafen müssen, ist das weniger gut. Noch ungünstiger ist es, wenn dort Abfluss- und Wasserleitungen laufen. Schützen Sie sich gegen derartige Sha-Einflüsse, indem Sie Rosenquarze auslegen.

Das Bett wird so positioniert, dass die Füße des Schlafenden nicht zur Tür zeigen. Auch ist es weniger gut, zwischen Tür und Fenster zu liegen. Es könnte zu unruhigem Schlaf kommen, zu Albträumen und Unausgeschlafensein. Abhilfe schafft ein Raumteiler oder ein Vorhang, den Sie am Abend vor das Bett ziehen. Steht Ihr Bett schräg im Raum vor einer Zimmerecke, so füllen Sie den leeren

Raum zwischen Ecke und Bett, z. B. indem Sie dort eine Pflanze hinstellen.
Schlafen Sie unter einer Dachschräge, so kann das bedrückend wirken. Zum Anheben der Energie platzieren Sie natürlich gewachsene Bergkristallgruppen in die Zimmerecken unterhalb der Schräge. Auch Deckenfluter, die das Licht nach oben abstrahlen, wirken belebend. Schlafen Sie nicht unter Deckenbalken: Diese »zerschneiden« Ihren Körper und können zu gesundheitlichen Problemen führen. Einen freiliegenden Balken können Sie mit leichten Stoffbahnen abhängen. Das sieht gut aus und erhöht zusätzlich den Yin-Faktor.
Verzichten Sie auf Spiegel im Schlafzimmer, oder hängen Sie sie zumindest am Abend zu. Spiegel sorgen für unruhige Energien. Vermeiden Sie auch Bilder, Regale oder andere schwere Gegenstände an der Wand über Ihrem Kopf. Das Unterbewusstsein wäre ständig in Alarm und Sie würden nicht erholsam schlafen.
Wählen Sie Bilder und Fotos für das Schlafzimmer achtsam aus. Der Schlafraum ist ein intimer Raum, in dem Ahnen- und Kinderfotos nichts zu suchen haben. Verzichten Sie auch auf Motive mit einzelnen Gegenständen oder Bäumen oder auf Bilder mit Dreiergruppen. Wählen

Sie nur Partnermotive. Aktivieren Sie den Aspekt »gute Partnerschaft« im Schlafzimmer, indem Sie im Südwesten des Raums z. B. zwei Kieselsteine, Keramikfigürchen oder Kristalle hinlegen – oder dort Ihr Hochzeitsfoto aufhängen.

Alle Gegenstände im Schlafzimmer sollten gute Erinnerungen wecken und Ihnen hundertprozentig gefallen. Nur dann bergen diese ein gutes Chi. Wählen Sie als Raumfarbe eher zurückhaltende Farben, die Yin symbolisieren. Bedenken Sie dabei, dass Blau als kühlend empfunden wird und daher z. B. für Menschen mit Blasenschwäche ungünstig ist.

Tipp für Singles auf Partnersuche

Eine Singlefrau sollte in Ihrem Schlafzimmer den Nordwesten (Bereich des Mannes) stärken, indem sie dort eine männliche Figur hinstellt. Es muss aber eine intakte Figur mit allen Körperteilen sein (keine kopf- oder armlose griechische Statue): ein Symbol des Typs Mann, den sie erwartet. Auch ein kleiner Metallgegenstand oder eine Metallschale kann dort stehen. Ein Singlemann aktiviert dagegen den Südwesten seines Schlafzimmers für die Frau, die er in sein Leben einlädt. Hier kann ein rotes oder rosafarbenes Frauen-Figürchen platziert werden oder auch ein Paarmotiv, egal ob Bild, Figur oder Steine. Auch zwei quadratische rote Kerzen wären denkbar.

Die Küche

»Der Herd ist das Herz des Hauses«, sagen die Chinesen. Damit ist gemeint, dass sich die Familie um den Herd versammelt, die Mahlzeiten gemeinsam einnimmt und die Küche ein Ort der Kommunikation und der Gemütlichkeit sein kann.

Das Zubereiten der Mahlzeiten ist ein wichtiger Bestandteil des Alltags und der Versorgung der Familie. Kochen sollte in guter Laune und entspannter Atmosphäre geschehen, da die Gedanken der zubereitenden Person die Qualität des Essens beeinflussen. Feng Shui rät dazu, den Herd so zu positionieren, dass man mit dem Rücken zur Wand daran arbeiten kann. Dies ist in den modernen Einbauküchen nur ganz selten möglich. Vereinzelt wird heute der Herd in die Raummitte gestellt, was aber sehr

große Küchen erfordert. Eine unsichere Position ist es, das Essen mit dem Rücken zur Tür zuzubereiten.
Herd und Spüle sollten nicht unmittelbar nebeneinander stehen. Die Energien von Feuer und Wasser vertragen sich nicht. Am besten steht ein Schrank von mindestens 60 cm Breite dazwischen. Möglich wäre es auch, dazwischen einen Holzkochlöffel an der Wand aufzuhängen.
Küchen sollten gut ausgeleuchtet sein, vor allem im Bereich der Arbeitsflächen. Außerdem brauchen sie eine gute Entlüftung, am besten ein Fenster. Die farbliche Gestaltung einer Küche kann zwischen getöntem Weiß, Gelb, Ocker, Orange, Apricot und Rottönen variieren. Es sind Farben, die der Nahrung zusätzliche Energie geben. So fördert etwa Apricot den Appetit, Blau hemmt ihn.
Der Essplatz in der Küche – ideal ist eine Wohnküche – sollte gemütlich und behaglich sein. Ein Esszimmer sollte direkt neben der Küche liegen, sodass lange Wege vermieden werden. Der Esstisch sollte harmonisch dekoriert werden. Er darf keine Bilder oder Gegenstände enthalten, die Spannung erzeugen. Hier darf gerne ein großer Spiegel aufgehängt werden, der den Esstisch zeigt. Symbolisch verdoppeln sich dadurch die Speisen, was in der chinesischen Kultur Wohlstand bedeutet.

Esstische aus Glas oder Acryl wirken schwebend und unsicher; die Transparenz des Tisches lenkt vom Essen ab. Das vermittelt Unsicherheit und Instabilität. Viel besser ist es, einen stabilen Holztisch mit dicker Platte zu wählen. Dies ist ein solider Ort, an dem die Familie zum Essen zusammenkommen kann.
Decken Sie den Tisch hübsch, geben Sie sich Mühe, damit die Familie länger dort verweilen mag und die Mahlzeiten in Ruhe und mit Genuss eingenommen werden. Dies ist wichtig für das seelische und körperliche Gleichgewicht, vor allem bei Kindern. Achten Sie auch auf eine sanfte, aber ausreichende Beleuchtung am Esstisch. Das Licht sollte nicht hart wirken, sondern warm und blendfrei.

Das Arbeitszimmer

Das Arbeitszimmer ist ein Raum der klaren Strukturen, der Ordnung und der Sauberkeit. Es spiegelt sehr deutlich die innere Einstellung des Besitzers. Energie sollte hier ungehindert fließen und verweilen können. Wer im kreativen Bereich arbeitet, der sitzt am besten an einem runden oder ovalen Tisch. Wer sich mit rationalen Din-

Die Bereiche des Schreibtischs

Reich- tum Telefon	Ruhm Familienfoto, roter Gegenstand	Geschäfts- partner und -beziehungen Telefon, Visiten- karten
Gesund- heit Computer links	Tai Chi	Ideen, Angebote, Prospekte Projekte rechts
Seminar- unter- lagen Wissen, Weisheit	aktuelle Arbeit Karriere, Lebensfluss	Visiten- karten, Projekte Hilfreiche Freunde, Unter- stützung

Ihr Sitzplatz

gen beschäftigt, der ist am besten an einem rechteckigen Tisch aufgehoben. Für Gespräche und Meetings eignen sich runde Tische besser, Verträge und Abschlüsse sollten eher an eckigen Tischen erfolgen.

Die Position des Schreibtischs sollte derart gewählt werden, dass das Licht optimal durch das Fenster einfällt und die Lehnstuhlposition gegeben ist (siehe Seite 29). Vermeiden Sie es, im Energiedurchzug zwischen Tür und Fenster zu sitzen. Sollte das der Fall sein, so platzieren Sie eine Pflanze zwischen Tür und Schreibtisch und einen Kristall ins Fenster.

Halten Sie den Schreibtisch ordentlich und eher leer. Die aktuelle Arbeit liegt direkt vor Ihnen. Das Telefon sollte in den Bereichen »Geschäftspartner« oder »Unterstützung« stehen, wenn Sie Ihre Geschäftskontakte über das Telefon abwickeln. Erwarten Sie gute Aufträge, die Ihnen Geld bringen, über telefonische Kontakte, so sollte das Telefon stattdessen im Bereich »Reichtum« stehen (vorne links). Im Bereich »Ruhm« und »Anerkennung« kann ein roter Gegenstand stehen, und im Bereich »Reichtum« können die lukrativen Aufträge oder Angebote liegen. Im Bereich »Projekte« liegen die Arbeiten, die erledigt werden müssen. Bei »Hilfreiche Freunde« können sich Visitenkarten von Personen befinden, deren Hilfe Sie gerne in Anspruch nehmen möchten oder mit denen Sie eine Zusammenarbeit oder ein gemeinsames Projekt verbindet.

Der Computer sollte etwas schräg von der Mitte nach links oder rechts gestellt werden, je nach Lichteinfall. Noch besser wäre ein separater Tisch für den PC.

Sicher fällt Ihnen auf, dass die Gestaltung des Schreibtisches keineswegs statisch oder mathematisch exakt ist. Vielmehr kommt es auf Ihre Geschäftsgepflogenheiten und Vorlieben an. Entscheiden Sie selbst, welche Dinge Sie den einzelnen Bereichen zuordnen. Falls Sie damit nicht den gewünschten Erfolg haben, so ordnen Sie Ihre Sachen nach einigen Wochen ganz einfach neu an. Feng-Shui-Maßnahmen bedürfen einiger Zeit (mindestens zwei bis drei Monate), bis sie zu wirken beginnen.

Bad und WC

Badezimmer und WC sind die problematischsten Räume einer Wohnung, da hier das Element Wasser vorherrscht, das zudem verschmutzt die Wohnung verlässt. Diese Räume liegen am besten weit weg vom Wohnungseingang. Auf alle Fälle sollte man an die Tür innen und außen einen achteckigen oder runden Spiegel anbringen, und zwar so hoch, dass das größte Familienmitglied sich darin noch sehen kann.
Schließen Sie unbedingt Tür und Toilettendeckel. Reparieren Sie tropfende Wasserhähne, damit Ihnen das Geld

nicht davonfließt. Badezimmer sollten ein Fenster haben, denn gute Belüftung ist wichtig. Haben Sie ein dunkles fensterloses Bad, so kann die Energie darin mit einer Glasspirale und mit Kristallen aufgewertet werden.
Bäder sollten nicht im Südosten und Südwesten liegen, sie können die Energie des Wohlstands und der Partnerschaft empfindlich schwächen. Auch neben einem Schlafzimmer sind sie ungünstig.
Badezimmer sollten möglichst nicht in der Mitte der Wohnung errichtet werden. Falls es sich doch dort befindet, so bringen Sie das Element Erde ein, also Steine, Kristalle, Handtücher in Rot, Gelb und Orange. Wichtig ist auch in diesem Fall der Spiegel an der Tür.

Das Kinderzimmer

Da Kinder auch tagsüber viel Zeit in ihrem Zimmer verbringen, sollte es ausreichend Platz bieten. Kinder brauchen Sonne und Bewegungsfreiheit. Am besten geeignet sind Zimmer, die im Westen liegen, da sie von der Spätnachmittagssonne durchflutet werden. Hier liegt ohnehin der Bereich »Kinder«, der bestens für gutes Gedeihen geeignet ist. Kinderzimmer sollten leicht möbliert sein und keine schweren dunklen Möbel enthalten.

Das Bett steht am günstigsten an einer Wand, entfernt von Tür und Fenster. Dachschrägen wirken sich auch auf Kinder bedrückend aus und sollten ebenso vermieden werden wie offene Balkendecken.

Der Schreibtisch wird am besten so platziert, dass das Kind eine geschützte Position einnehmen kann, also der Rücken zu einer Wand zeigt und Tür und Fenster im Blickfeld sind. Wichtig ist auch, dass das Licht in ausreichendem Maß von der richtigen Seite einfällt, bei Rechtshändern von links, bei Linkshändern von rechts. Steht der Lernplatz direkt vor dem Fenster, besteht das Risiko, dass das Kind stets abgelenkt ist und sich nur schlecht konzentrieren kann, weil es immer zum Fenster hinausschaut.

Der Schreibtisch oder Spieltisch sollte auch nicht direkt vor einer Wand stehen, da dies ein unüberwindliches Hindernis darstellt und die Kreativität im Keim erstickt. Eine Wand vor den Augen ist gleichbedeutend mit dem sprichwörtlichen »Brett vor dem Kopf«. Falls Ihr Kind andere Plätze wie den Küchentisch oder einen Platz im Wohnbereich zum Lernen vorzieht, dann schauen Sie genau hin, ob es in seinem Zimmer überhaupt einen sicheren, starken Platz gibt.
Selbstredend gehören Radiowecker, Handy und Computer nicht ans Bett; solche elektrischen Geräte sind schon tagsüber belastend genug. Legen Sie Baryte aus, damit die technisch erzeugten Strahlen neutralisiert werden.

Feng Shui für Kinder

Feng Shui beschränkt sich nicht nur auf die Anwendung von Regeln, die von den Elementen und Himmelsrichtungen abhängen. Vielmehr gehört auch eine ganzheitliche Betrachtungsweise dazu, die auch psychologische Aspekte, Gesundheitslehre und feinstoffliche Einflüsse mit einbezieht. Daher finden sich in diesem Kapitel auch Hinweise aus diesen Bereichen.

»Kinder sind Gäste, die nach dem Weg fragen!« besagt ein Sprichwort. Sie tragen maßgeblich dazu bei, dass sich Ihr Kind zu einer Persönlichkeit entwickeln wird. Nachfolgend finden Sie thematisch sortiert einige Feng-Shui-Maßnahmen für Kinder. Sie vermitteln Ihnen ein Gefühl dafür, wie einfach und effizient Feng Shui angewendet werden kann.
Beachten Sie, dass alle Maßnahmen, die Sie im Bereich Ihres Kindes ergreifen möchten, der Zustimmung Ihres Kindes bedürfen. Dinge, die missfallen, haben einen negativen Effekt. Schauen Sie nach der Kua-Zahl Ihres Kindes, damit Sie es mit seinem persönlichen Element

zusätzlich unterstützen und stärken können. Dazu verwenden Sie die dem Element entsprechenden Farben und Formen.
Zwei allgemeine Tipps, die Ihren Kindern wohltun: Gestalten Sie in Ihrem Garten den westlichen Bereich, der für den Aspekt »Kinder« steht, fröhlich und hauptsächlich in den Farben Gelb und Orange. Bewegliche metallene Gegenstände wie Klangspiele oder Metallfigürchen dürfen hier gerne an Büschen und Bäumen baumeln und klingen. Das bringt zusätzliche Energie in diesen Bereich. Und stellen Sie im Südwesten des Kinderzimmers zwei Figuren aus Keramik oder Porzellan auf: Das begünstigt gute Beziehungen.

Wachstum und Gesundheit

Der Mensch ist Teil der Natur, auch wenn er das manchmal nicht wahrhaben will. Eine natürliche Umgebung und der Aufenthalt in der Natur, im Wald, an einem See, auf dem Feld, in den Bergen, am Meer, das alles ist unverzichtbar für den Menschen – und fördert insbesondere die gute Entwicklung der Kinder.

Unternehmen Sie öfter einen Waldspaziergang oder einen längeren Ausflug mit Picknick im Freien. Lassen Sie Ihre Kinder die Natur entdecken, die Tiere kennenlernen und zu den Sternen schauen.

Für das Kinderzimmer gibt es einige Grundregeln, die teilweise schon im Kapitel »Das Kinderzimmer« angesprochen wurden. Aufräumen ist wichtig. Gute Energie kann nur fließen, wo Ordnung herrscht. Eine chaotische Umgebung kann sich leicht auf das Verhalten der Kinder übertragen.

Oft sind Kinderzimmer im Obergeschoss unter Dachschrägen. Diese haben wenig Energie, weil ein schräges Dach immer drückend wirkt. Die Energie kann dann nicht aufsteigen. Stellen Sie in solch einem Fall Bergkristall-Gruppen in die Zimmerecken unterhalb der Schräge auf. Dies steigert die Energie. Zimmer unter Dachschrägen brauchen auch eine sehr gute Ausleuchtung: Platzieren Sie hier vor allem nach oben gerichtete Strahler.

Bedenken Sie die wichtige Regel: Liegen Tür und Fenster eines Zimmers einander gegenüber, entweicht die Energie sofort. Ein im Fenster aufgehängtes Feng-Shui-Prisma leitet die Energie zurück. Zudem sieht es besonders hübsch aus, wenn sich das Sonnenlicht darin bricht und

die Lichtreflexe »tanzen«: Das bringt Spaß und Leichtigkeit ins Kinderzimmer.
Im Kinderzimmer darf es Entspannungsmusik geben, die im Hintergrund läuft – sanft und leise. Kinder können sich gut sammeln und konzentrieren. (Nach einem anstrengenden Tag mögen manche Kinder auch gerne eine kurze geführte Meditation, speziell für Kinder. Meditation fördert die Konzentrationsfähigkeit und hilft abzuschalten.)
Von großer Bedeutung und Auswirkung auf das Wohlbefinden Ihres Kindes ist der richtige Platz für das Bett. Das Bett sollte im ruhigsten Bereich des Zimmers stehen, also gerne hinter der Tür oder in einer Nische. (Zu vermeiden ist natürlich der Platz zwischen Tür und Fenster.) Es sollte nicht an einer Wand stehen, auf deren anderer Seite sich eine Toilette, ein Waschbecken oder ein großes technisches Gerät befindet. Befinden sich am Kopfende des Bettes Steckdosen oder Schalter, legen Sie unbedingt am Boden oder unter der Matratze Schwerspat oder Selenit aus – oder Sie könnten wegen der Kriechströme eine Nachtfreischaltung einrichten lassen. Ihre Kinder (und auch Sie selbst) sollten auf Radiowecker in unmittelbarer Nähe des Bettes verzichten: Sie strahlen zu stark. Harmloser sind Funkwecker.

Bestehen dauerhafte Schlafstörungen oder Gesundheitsprobleme, könnten auch Wasseradern oder Erdstrahlen die Ursache dafür sein. Legen Sie Rosenquarze unter das Bett, die alle schädlichen Strahlen »schlucken«. Hin und wieder müssen die Steine dann unter fließendem Wasser gereinigt und an der Sonne aufgeladen werden.
Bringen Sie weder Bücherregale noch schwere Bilder über dem Kopfende des Bettes an. Das Unterbewusstsein befindet sich sonst ständig in Unruhe, dass etwas herunterfallen könnte. Auch Deckenbalken über dem Bett oder dem Sitzplatz verursachen Sha und können zu unruhigem Schlaf, Albträumen oder anderen Beschwerden führen. Es hilft, die Deckenbalken mit zartem Stoff abzuhängen. Für kleinere Kinder ist zudem eine Kuschelecke oder Höhle als Spiel- und Ruhebereich ideal. Sie lieben den Rückzug und die Geborgenheit.
Falls Ihr Kind Ihnen etwas introvertiert und zu ruhig erscheint, so könnten Sie die Farben Gelb und ein zartes Orange verwenden, vor allem für Wände, Teppich oder Bettwäsche. Diese Farben stimulieren und verleihen Tatkraft. Vermeiden Sie aber ein starkes Orange, es macht trotzig. Jugendliche sollten die Farbe Schwarz meiden. Schwarz reduziert die eigene Energie und zieht fremde

unerwünschte Energien an. Es schluckt alle Energien und gibt sie nicht mehr frei. Das kann sehr unangenehm sein. Sollte Ihr Kind zum Tagträumen neigen, dann prüfen Sie, ob der Schreibtisch nicht vor dem Fenster steht. Das kann dazu verleiten, stets hinauszuschauen, was konzentriertes Arbeiten erschwert oder gar unmöglich macht.

Für den Schreibtisch sind auch Beleuchtung und natürliches Licht ganz wichtig, insbesondere für gesunde Augen. (Für Rechtshänder sollte das Licht immer von links kommen, für Linkshänder immer von der rechten Seite, damit die Schreibhand keinen Schatten wirft.) Für eine bessere Konzentration am Arbeitsplatz können Sie eine Bergkristallkugel oder einen Kristallbriefbeschwerer im mittleren Bereich des Schreibtisches aufstellen.

Im Kinderzimmer dürfen natürlich Bilder und Poster nicht fehlen! Sie drücken Wünsche, Ziele und Neigungen Ihres Kindes aus. Wer täglich ein »Ziel« vor Augen hat, wird es auch erreichen. Achten Sie aber darauf, dass nur heitere, fröhliche Motive aufgehängt werden. Die »Botschaft« eines Bildes wirkt stark auf das Unterbewusstsein und beeinflusst die Stimmung Ihres Kindes.

Ruhe und Gelassenheit

Kinder sind heutzutage oftmals sehr unruhig, zappelig und unkonzentriert. Feng Shui bietet einige einfache Maßnahmen, um Kinder dabei zu unterstützen, zu Ruhe und Besonnenheit zu finden. Sie können viel mit Farben und Formen arbeiten. Hier nun einige Beispiele.

Kinderzimmer für lebhafte Kinder können eine hellblau gestrichene Wand erhalten. Die Farbe Hellblau beruhigt das Gemüt. Dynamische Farben wie kräftiges Rot, Orange und Gelb hingegen können das Einschlafen erschweren.

Lebende Pflanzen, Mineralien, Wasser, Musik und Düfte sorgen für gute Energie. Pflanzen wie Grünlilie oder Gerbera filtern Strahlung und Schmutz aus der Luft und erhöhen das Energieniveau. Für den inneren Reichtum stärken Sie im Zimmer Ihres Kindes den Südostbereich mit einer Pflanze (oder einem Strauß aus Seidenblumen, falls Ihr Kind allergisch reagiert) und viel Licht. Zur Erinnerung: Südosten ist dort, wo morgens um 9 Uhr (im Sommer 10 Uhr) die Sonne steht.

Auch besagt eine wichtige Regel: Keine Streitgespräche und heftigen Diskussionen während des Essens. Die Mahlzeiten sollten in ruhiger und heiterer Atmosphäre eingenommen werden. Für Schulkinder ist das Mittagessen oftmals die erste Gelegenheit, sich zu »entladen« und von ihren Erlebnissen in der Schule zu berichten. Vermeiden Sie dabei Ermahnungen und Kritik, und sorgen Sie für Entspannung beim Essen.

Schlussgedanken

Sie sind am Ende dieses kleinen Ratgebers angelangt, und ganz bestimmt haben oder werden Sie Ihre Wohnung nach den genannten Kriterien betrachten und das eine oder andere darin verändern. Dabei wünsche ich Ihnen viel Vergnügen und gute Inspiration.

Feng Shui trägt dazu bei, dass unsere Umgebung harmonischer und energiereicher wird. Wir dürfen heute wieder von dem alten Wissen und den Erfahrungen profitieren, die zwar aus dem asiatischen Raum importiert werden, aber auch schon einmal in Europa bis zur Zeit der Inquisition beheimatet waren. Feng Shui sollte unbedingt in das ganzheitliche Denken und Wirken integriert werden, denn unsere Wohnumgebung ist ein Spiegelbild unseres Lebens, der acht Lebensbereiche, die durch Feng Shui definiert sind, und der persönlichen Einstellung dazu. Auch hier gilt das Analogiegesetz von Hermes Trismegistos:

»Wie innen, so außen,
wie oben, so unten.«

Literaturangaben

Braem, Harald: Die Macht der Farben. Wirtschaftsverlag Langen Müller. München 1985

Franke, Rainer/Schlieske, Ingrid: Klopfen Sie sich frei! M.E.T. Bio Ritter Verlag. Tutzing 2006

Keller, Erich: Endlich frei! Emotionale und körperliche Blockaden auflösen mit Emotional Freedom Techniques EFT. Ullstein Taschenbuch. Berlin 2005.

Schaub, Helga: Befreit von dunklen Mächten. Verlag Silberschnur. Güllesheim 2009

Schaub, Helga: Feng Shui für den beruflichen Erfolg. Schirner Verlag. Darmstadt 2006

Helga Schaub war lange als selbstständige Dolmetscherin tätig. Mittlerweile widmet sie sich ganz der Arbeit mit kranken Menschen. Schon seit vielen Jahren arbeitet sie als freie energetische Therapeutin mit den Schwerpunkten »Clearing« und »spirituelle Intervention« und ist Beraterin von Medizinern und Kliniken. Zudem schreibt sie Fachbücher.
Es ist nur natürlich, dass sie sich mit Feng Shui und dem energetischen Aspekt in privatem wie beruflichem Umfeld widmet. Sie gilt als die Pionierin im deutschsprachigen Raum, die Feng Shui auch bei der Entwicklung von Logos und der Gestaltung von Werbung einfließen lässt.

www.helga-schaub.de
info@helga-schaub.de

Weitere Bücher erschienen im Schirner Verlag www.schirner.com

Helga Schaub

Feng Shui für den beruflichen Erfolg

Gestaltung von Geschäftspapieren, Visitenkarten & Co.

176 Seiten

ISBN 978-3-89767-256-7

Wissen Sie, wie Feng Shui Ihnen helfen kann, damit der erste Eindruck, den Sie auf andere Menschen machen, nicht nur ein sehr guter, sondern auch ein bleibender Eindruck wird?

Dieses Buch beschreibt anhand zahlreicher Beispiele, was ein gutes Logo, eine ausdrucksstarke Visitenkarte und eine originelle Werbung ausmacht und wie diese selbst gestaltet werden können. Ein nützlicher Ratgeber für Profis und Laien.